담쟁이덩굴

김덕진 시인의 세 번째 시집

담쟁이덩굴

초판 1쇄 인쇄   2024년 11월 12일
초판 1쇄 발행   2024년 11월 28일

신고번호   제313-2010-376호
등록번호   105-91-58839

지은이   김덕진

발행처   보민출판사
발행인   김국환
기획   김선희
편집   조예슬
디자인   다인디자인

주소   경기도 파주시 해올로 11, 우미린더퍼스트@ 상가 2동 109호
전화   070-8615-7449
사이트   www.bominbook.com

ISBN   979-11-6957-267-5   03810

- 가격은 뒤표지에 있으며, 파본은 구입하신 서점에서 교환해드립니다.
- 이 책은 저작권법에 의하여 보호를 받는 저작물이므로 무단 전재와 복사를 금합니다.

김덕진 시인의 세 번째 시집

담쟁이덩굴

기껏해야 박제된 고독 하나 들출지 모르더라도
담쟁이덩굴과 함께하며 평화를 느낀다

보민출판사

추천사

　김덕진 시인의 세 번째 시집 『담쟁이덩굴』은 장시로 구성되어 마치 독백을 나누듯 인생과 자연, 그리고 인간관계에 대한 깊은 사유를 담고 있다. 그는 이 시집을 통해 독자와 더욱 가깝게 소통하고자 하며, 자연과 사물의 단순한 묘사에서 벗어나 자연과 내면의 대화를 나누는 듯한 분위기를 자아내고 있다. 시인은 삶과 인류에 대한 애정으로 자신의 시편을 펼쳐 보이며, '인간 서로와 만물에 대한 사랑과 배려심 가득한 지구의 주인공으로서, 굳이 외치지 않아도 품격 있는 삶의 은총을 모두 느끼며 살았으면 좋겠다'는 메시지를 조용히, 그러나 깊게 전달한다.

　그의 시 속에서 담쟁이덩굴은 단순한 식물이 아닌, 세월을 넘어 오래된 기억을 간직한 전달자로 등장한다. 담쟁이는

80년이 지난 기억을 품고, 허무를 이겨내며 어린잎을 내고 자라난다. 이 어린잎은 그 자체로 희망의 상징이며, '수많은 삶이 모인 자연으로 나가고 싶어'라는 구절에서처럼 인간이 자연의 일부로서 어떻게 나아가야 하는지에 대한 시인의 바람을 반영하고 있다. 그는 인간의 삶을 담쟁이덩굴에 비유하여 세월의 흐름 속에서도 끊임없이 자라며 변화를 받아들이는 모습을 통해 인생의 깊이와 의미를 이야기한다.

또한 그는 자연과 인간의 연결고리를 바람에 비유하며, '바람은 너무 많은 비밀을 발설하고 전해 주었어'라는 구절을 통해 우리의 경험과 기억이 세대를 넘어 전해지는 방식에 대한 생각을 나눈다. 이 바람은 기억과 영감을 전하며, 인간의 감정과 사상을 이어주는 매개체로 표현된다. 바람이 우리의 감정을 실어 나르는 것처럼 그의 시편 속 장면들도 독자들에게 조용히 다가와 깊은 여운을 남겨준다.

시인은 자연과 인간이 하나로 어우러져 서로의 존재를 받아들이고 존중하는 세상을 꿈꾼다. 그의 시 속에서 '사랑한다는 의미가 비밀이 아니듯'이라는 표현처럼 감정과 사랑은

감춰질 수 없는 것이며, 이를 통해 인간 서로 간의 소통과 공감을 강조한다. 특히 시 '전쟁'은 소속과 자유, 그리고 평화에 대한 깊은 성찰을 담고 있다. 그는 인간의 삶 속에서 소속을 가지려는 욕구와 동시에 독립적으로 존재하고자 하는 본능 사이의 갈등을 담담히 풀어낸다. 시 속에서 개는 소속의 상징으로 등장하며, 인간이 때로는 무리 속에 속하면서도 자유를 갈망하는 모습을 은유적으로 표현하고 있다. '우리는 개는 아니지만 개 같은 신세일 때가 있어'라는 구절은 인간이 종종 자신을 구속하는 환경에 놓이게 되지만, 본질적으로 자유롭고 독립적인 존재임을 강조한다.

그는 바람을 통해 소속 없는 자유를 암시하며, 바람이 담쟁이덩굴의 씨앗을 멀리 날려 새로운 생명을 시작하게 돕는 모습을 그려내면서 바람도, 인간도 그 자체로 소속을 가지지 않고 자유롭게 존재할 수 있기에, 결국 전쟁이 필요 없는 평화로운 상태에 이를 수 있다고 말한다. 인간이 자연 속에서 서로를 구속하지 않고 살아갈 때 비로소 진정한 자유와 평화를 누릴 수 있다는 메시지가 이 시에서 선명하게 드러난다.

김덕진 시인의 시 여행은 인생을 거대한 여정으로 비유하며, 그 속에서 자유와 연결, 그리고 수용의 가치를 강조하고 있다. 모든 존재가 서로를 소유하거나 속박하지 않고, 함께할 때 비로소 진정한 여행의 의미가 완성된다고 말한다. '우리의 삶도 공기뿌리를 내리듯 과정이 움튼 삶을 착상하고 부여잡고 나갈 삶을 기대하듯 조용히 끊임없이 나갈 일이다'라고 표현하며 그는 각자의 여정 속에서 서로의 삶을 연결하며 깊은 감동을 주고받는 과정을 통해 삶이 얼마나 풍요로워지는지를 보여주고 있다. 이 시집 『담쟁이덩굴』은 따뜻하고 진지하다. 삶의 여정은 끝없이 계속되며, 진실로 큰 영혼으로서 하나에 이를 때까지 자유롭고 넉넉한 삶을 살아가길 소망하는 그의 시에서, 독자들은 인간에 대한 깊은 애정과 이해가 느껴질 것이다. 우리에게 일상의 공간에서 발견할 수 있는 소소한 아름다움과 자연의 지혜를 일깨우며, 삶의 복잡한 문제들 속에서도 그 중심에 있는 사랑과 존중을 다시 생각해 보게 한다.

2024년 12월
편집위원 **김선희**

시인의 말

가끔 일반적인 시를 쓰면서도 몇 년 전부터 장시長詩를 한 편 쓰고 싶었다. 이전 나의 두 권의 시집이 자연과 삶에 대하여 주로 독백처럼 읊조린 것이었는데 이번엔 자연과 삶 전체로 길게 이어지는 장시, 독자에게 더 직접적인 내 생각을 나타내고 함께 나누고 싶었다. 그래서 담쟁이덩굴에 감정이입도 하고 정령과 대화하듯 상상에 빠지기도 했다.

천성이 게으르고 생각에 잠기길 좋아하는 편이라서 실천에 이르기는 매우 부족하지만, 인류와 자연, 삶을 사랑하는 마음으로 나름 문제점과 지향점을 나타내고 싶었다.

적어도 전쟁이 사라졌으면 좋겠다. 그리고 인간 서로와 만물에 대한 사랑과 배려심 가득한 지구의 주인공으로서, 굳이 외치지 않아도 품격 있는 삶의 은총을 모두 느끼며 살았으면 좋겠다.

늦은 밤 밖에 비가 오는 소리가 들린다.

모든 영혼이 온전하기를 바라며…

2024년 12월

시인 **김덕진**

목차

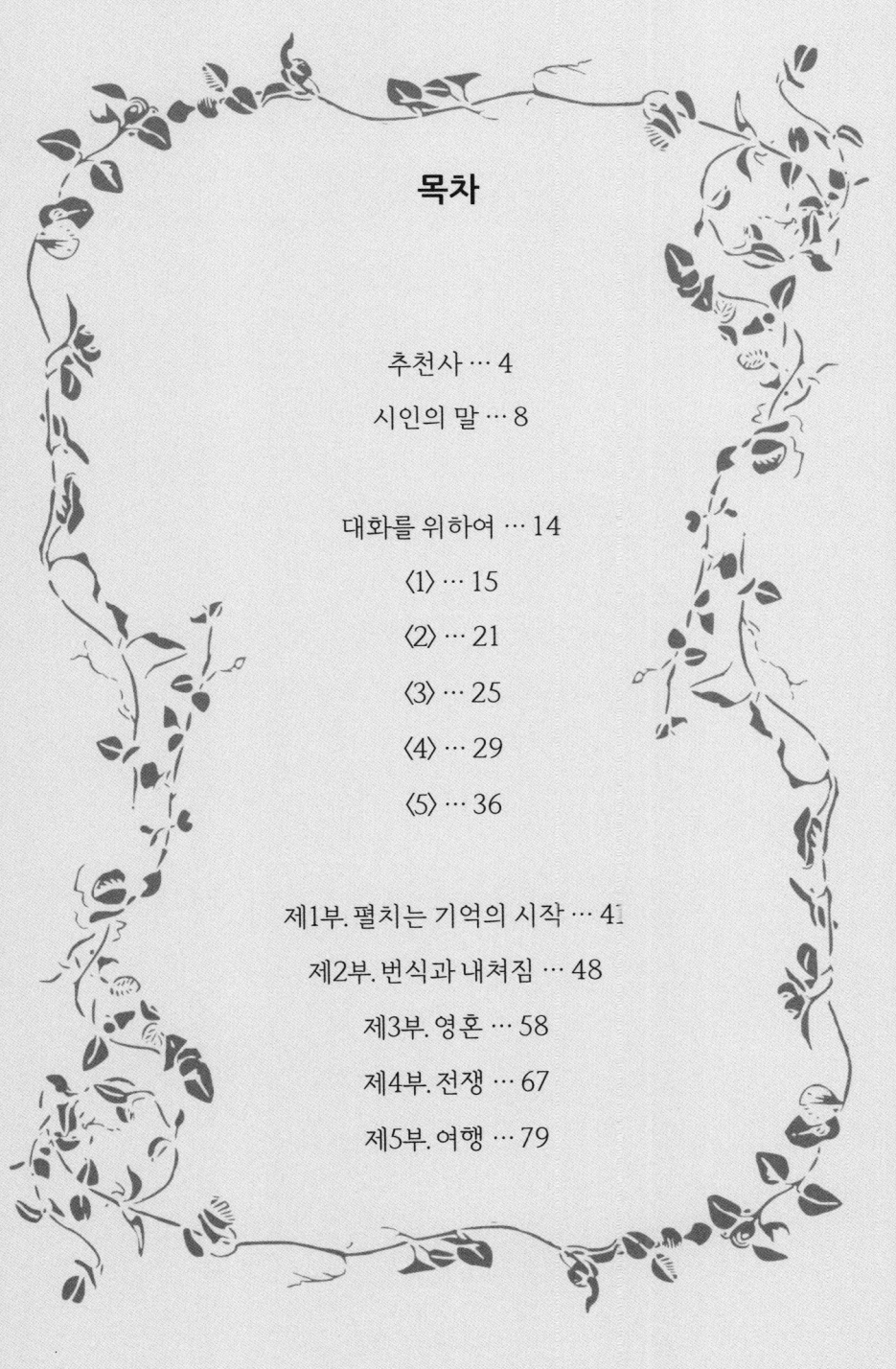

추천사 … 4

시인의 말 … 8

대화를 위하여 … 14

⟨1⟩ … 15

⟨2⟩ … 21

⟨3⟩ … 25

⟨4⟩ … 29

⟨5⟩ … 36

제1부. 펼치는 기억의 시작 … 41

제2부. 번식과 내쳐짐 … 48

제3부. 영혼 … 58

제4부. 전쟁 … 67

제5부. 여행 … 79

김덕진 시인의 세 번째 시집
담쟁이덩굴

대화를 위하여

세상은 진실한 대화가 충분치 않아

대화 연습이 때론

하나가 둘로 나뉘기도 해야 해

분열도 하고 멀리 다다르도록

조용히 자연을 수놓고 있는 담쟁이덩굴과

지금에 이르러 나를 대하는 다가온 나와

대화를 나눌 수 있도록 연습이 필요해

⟨1⟩

수림을 옆으로 두고

멀리 광야처럼 뻗어있는 강에서

어디선가 나를 부르는 소리로

돌아 둘러보았네

하지만 누군가 보이지 않고

강으로 새가 몇 마리 날고 있었네

다시금 소리가 들려올 때

강과 산으로 나는 그의 소리인 것을 알았네

날개가 있는 생명은 거리낌 없이

이것저것 날아들어

가끔은 구석이나 갑판 위에 난만하게 생을 긋고

자리를 잡는 것을 보며

때론 그림자 같은 발소리

여치 울음소리

모터 돌아가는 소리를 듣고

혼재하여 다가오는 시간으로 쓸쓸한 마음

강은 바다와 이어졌다

묵묵하게 바다로 흐르는 물결 사이로

배로 오는 메시지 따라

바다에서 며칠을 두고

강으로 거슬러 올라온 지금도

등대와 함께 햇빛이 돌아가는

울음소리, 바람소리, 수풀을 헤치며

지나가는 머나먼 길이지만

절반도 다다르지 못한 물살 빠른 기나긴 강에서

미인과 천재의 박명을 애도한다

그와 함께 이 강줄기에서

굽이쳐 돌아가는 긴 강을 바라보며

자연과 삶을 이야기했으면

그의 아름답고 흠모하는 깊은 미소 속에

조용하고 청명한 목소리를 들으며

'나의 생은 너무 내면과 현실에 관계되었지

어느 시점에선가부터 곧바로'

방황하듯 서성이는 어느 날 밤에
벌레들의 흩어지는 주검으로
더는 발 디디기가 어려워져 조용히
흩어지고 짝을 지어 반짝이는 빛들을 보며
미인과 천재 곁에 없음에 더욱이 쓸쓸해져
조용한 시선 차마 거두지 못하고
나의 마음 고독감에 겨워
허공에 그리움으로 마음의 나래 띄워 놓고
미시시피강을 떠나네
낮에는 더불어 환하여
외로움 모르고 빛에 휩싸이지만
밤에는 더욱이 쓸쓸하여
끝이 아련한 긴 시로 읊조린다네

어느 날 저녁 강을 떠날 때
강은 젊음과 감성으로 나의 여정을 대하였지요
어두워지며 주위의 숲과 벌판은
어둠으로 변하여 늙어 가지만
강은 구름 사이의 황혼에 물들고
어느 부분 배와 등대의 불빛을 띠고
불혹 언저리 감성을 지니고
늙지 않는 출렁이는 젊음으로 말이지요
비록 그가 일관성이 없다 해도
나 그의 젊음과 감성을 맞아들이네
대자연의 섭리를 간직하고
그렇게 비추어 보며 살아가고 있으니

강도 길게 이어지고 인연이란 길다
긴 것이란 어느 한 부분 처음을 띠고 있을 수 있다
돌아왔을 수도 있고

다시 새롭게 가고 있을지도 모른다

강물이 계속 흐르는 것을 보더라도

"왜 지구가 처음 있을 때부터 있었을 바다의 나이가

불혹의 나이가 되지 않았다고 생각하는가?"

"가만히 있지 않기 때문에, 새로운 젊음으로"

"지금도 그렇게 생각하나?"

"그러고 싶어, 사람의 나이로 그대로 멈춰서"

"40여 년이 흐른 지금 당신의 나이가 이젠 더 많겠군"

"나의 시간이 빨리 갔을까?"

"인간적인 나이가 더 많으면

더 성숙했다고 할 수 있을까?"

"바다의 강한 힘 앞에서

역설적으로 인간의 유한함 때문에,

약해 더 성숙함에 이를 수도"

지쳐있거나 지독히 고독할 때

떠오르는 빛과 소리는

또 다른 내가 보낸 위로의 메시지가 아닐까?

그런 대화는

연민일까?

사랑일까?

영원으로 향한 빛의 항해처럼

밝은 길이 될까?

<2>

아스라이 옮기며 떠나왔다
나이를 제법 먹었기에 더 쉬웠다
세상살이가 쉽지 않다고 생각했기에
찢기는 듯한 고통도 없었다
추억 속의 믿음을 남기고

바짝 안으로 드니
들켰다고 더 숨으려는 것도 보인다
구석진 장판 틈에도
영역을 들키지 않으려는 삶
변변치 않은 것이라 여긴 구석도
벌레에겐 삶의 터전이었다

가린 벽을 나와 하늘을 보니
구도자 같은 나무가 받드는
또 다른 영역이 보인다

그가 자유로운 조류를 피해 남았다면
난 무엇을 움켜잡고 남았는가
생각하니 바람이 차다

다시 밖은
시간이 우산을 들고 창밖에 섰다
서서히 낮은 곳으로 흐르는지
바다처럼 출렁이는지
많은 날처럼 비가 오기도 한다

때론 우산을 벗어들고
빛의 눈으로 대할 때
쪽문으로 은밀히 받아들였다
그에게서 우산을 얻어 들고
덩치를 가리며 웃곤 했다
그간의 세월을 보내다 보니

몸이 작아진 것 같다고 화냈다가
많이 가려지니 좋다고 웃었다가
구속할 필요 없이
한참 그를 붙잡아 두었다

언젠간 헤어진 사람들과도
곁에 있을 거란 꿈도 꾸었다

유기적인 삶은 있지만 끌려가는 듯함에 대한 반감
내질러 자신을 찾고 싶음에, 도리가 아닌 은둔이다
꿀벌에 해가 되지만
대치되는 말벌도 번식하기 위함이 아닌가?
번식보다 내쳐짐이 꿀벌보다 말벌이네
꿀벌은 보다 꽃의 수정도 도와 열매를 맺게 하네
도움을 주는 것도 번식에 합당함이니
제법 나이가 든 당신도 내쳐져 있나?

"어느 부분은 그렇지만 내가 간접적으로
삶에 도움을 주면 내쳐짐은 아닐 테지만"
"그런데 당신은 누구인가? 가끔은 보이지 않아"
영혼에 잇닿은 친구라고 불러 주시오
설령 다른 모습으로 나타나더라도
육신은 꽤 많은 시간이 흘러도 괜찮소

⟨3⟩

새는 알을 낳기 위해 둥지를 짓고

비상을 준비하기 위해 둥지를 짓는다

사람은 고독을 안기 위해 집을 짓고

아늑함을 꿈꾸기 위해 집을 짓는다

그런데 간혹 평범한 시선 너머로

탁란하는 새도 있고

노숙하는 사람도 있다

분주한 보살핌이 드나들고

모르는 애정이 깡통을 채울 때

변종 같은 새로움도 태어나고

안타까운 존엄도 유지된다

애초 본질이 달리 숨어있었고

아픈 추억이 이어져 응결되었다

그들이 알에서 부화한 이후에도

그가 적나라하게 드러난 고독 위에도

적응을 위해 몸부림치며

자신을 드러내는 삶의 일부고

희미해진 희망을 꿈꾸면서도 간직하려는 삶의 일부다

탁란한 새와 노숙인

진실한 보금자리가 없어

비슷하나 다른 점은

탁란된 새는 내맡긴 둥지에서 깨어나지만

노숙인은 민낯 고독에서 일어난다

어느 하얗게 빛나는 날

그가 새처럼 가볍게 솜털 같은 구름을 뿌리며

푸른 하늘을 날고 있다

꿈일까? 혹 그와 나의 분신처럼

높이 자유로운 곳에서 대지로

하얗게 내려다보는 것을 보았다

노숙인에게 말을 걸기는 쉽지 않아

차별을 느끼게 하지는 않을까 해서

차별이 아닌데 말이지요

간혹 꾸미지도 않고 온통 꿈에 빠지듯

밀려오는 삶을 그저 그대로 느껴보고 싶네요

그가 말했다.

"굳이 낭만이랄 것도 오래가지 않아요"

꽉 붙잡고 지니면 시간은 흐르겠지만

마음만은 남겠지요

"남는 것이 영원히 자유로울까요?

자유롭지 않으면 묻히기도 하지요"

찌들어 보였지만 그의 눈은 깊음을 띠었다

삶의 조건은 나쁘지만 어쩌면 더

자유로울 수 있겠다는 생각이 들기에 이르렀다

영혼에 육신이란 집은 잠시 거주하는 것입니다

육신도 마찬가지 그의 집은 결코 오래 지속되지 않지요

육신보다 영혼을 더 보듬고

집보다 육신을 더 보살피세요

집이 없음을 너무 마음 아파하지 마세요

잠시 민낯을 보일 뿐

잠시 고될 뿐

어느 순간 또 그의 모습이 보이지 않았다

헤어지며 영혼이 길을 닦는 것을 느꼈다

노숙자는 아니었지만 가끔

하루 종일 누워 잠과 꿈에 빠지기도 했었다

환상 같은 꿈이 현실에 섞이기도 해

신념으로 돋을지 모를 환각이 내심 두렵기도 하지만

영혼이 자유롭게 숨을 쉬고 있다는 생각에 좋았다

<4>

자! 또 한 번 긴장하자
쳇바퀴 돌 듯 방황에 마침표를 찍고
흩어지는 발걸음을 떠나고
흘러 마주하는 삶처럼
마음을 우러러 바다로 떠나자
꾼 꿈 하나만이 희미하게 남아
다른 일상은 가끔 문을 여는 방에서
바람으로 일렁여 환기하듯 나가고
꿈은 슬프고 허한 마음을 투영시켜
허투루 지낸 삶을 경계한다

일본에서 파친코를 하고 난 후
여기저기 길을 걸어 다녔다
방황 속에서는 제 나름 철학 아니면
외면만이 있을 뿐이었다
지나치는 사람들 사이에서

가끔 위장하며 걷기도 하다가
겨울 하늘의 새들처럼
생을 마련하는 눈망울이 비쳤다
연민으로 정이 움트고
새처럼 어디에 속하지 않듯이
알 수 없는 자유가 펄럭였다
아! 날개를 주시옵소서
그들에게도 우리에게도
슬픈 거리를 날기 위한 날개를
그리하여 나아가는 사이가 되도록
하지만 정리되지 않은 슬픈 마음이
침묵의 바다를 부르고
자연으로 나아가
전설 같은 모험으로 마음을 다질 때
마음속으로
어서 그만 출항해야 한다

잠자리의 날개나 새의 날개처럼

연약하여 갈라지거나 털의 또 다른 부영으로

다시 공허한 삶을 떠올리기보다는

비쳐오는 자연으로 추구하는 날갯짓을 만들어

가시나무에 몸을 던지는 가시나무새처럼

아름다운 고독을 향해 출항하여야 한다

바다 위로 멀리

새로이 거듭날 수 있는 참된 출항을

슬픈 눈물을 감추어야 한다

아름다운 삶의 역사를 위하여

길을 서툰 영어로 아마 일본 여고생에게 물었다

대답 대신 쑥스럽게 웃는, 순수해 보이는 모습

운동 삼아 한참 직접 길을 안내해 준 일본 노인

파친코로 시간과 돈을 낭비했음에도

일본 백성들은 친절하고 다정하게 남아있지만

마음 깊이 받아들이지 못함은

일본 위정자들의 시원하지 못한 역사 인식

전쟁범죄를 지난 일로 덮으려는 것

전쟁은 인류 역사에 계속 있어 왔다

그리고 치열하게 기록으로 남았다

수많은 죽음에 대한, 위령제 같은 서사시

문명이 많이 발달한 지금도 한은 이어지고 있다

인류의 역사가 전쟁의 역사라면

삶은 한의 역사이리라

희생에 따른 한

최소한 한은 줄여 가야 하지 않겠는가?

"어떻게 줄일 건가? 계몽으로? 종교로?"

"쉬운 일이 아니었소, 지난 역사를 보면"

"인류애로 해결할 수 있지 않을까?"

한이 깊었어도 인류는

각자의 노력과 협동으로 발전해 왔다

독재자나 소수의 강한 힘이 깊은 한을 남겼지간

그도 유한하여 사라지질 않는가?

은총 없이는 평범한 삶도 지속되지 않아

인간이 자연에 영향을 끼치기도 하지만

수많은 자연의 힘 하나에도 속절없이 내쳐지기도 해

그러니 운명 같은 나약함을 알고

지나친 욕심 부리지 말기를

한이 깊으면 영혼도 온전하지 않을 수 있어

"한때 지구의 주인공은 공룡이라고 한다더군"

"그래도 멸종했지, 지금은 사람이 주인공이야"

"영원할까?"

"자연재해로, 그중 기후로 멸종되리란 말도 있어"

수많은 생명이 숨을 쉬는

아름다운 자연이 재해로 드리운다면

모든 관계가 마음대로 이루어지지 않으리라

삶에 은총이 없다면 삶을 지속하는 것이 고통이요,

온전한 영혼으로 삶을 거둬들이는 것이

또한 은총이리라

함께 살고 있다는 듯 개 짖는 소리가 들린다

개의 충성심이 그냥 나온 것일까?

분명 마음 깊이 주인에게

사랑을 받는다고 느꼈을 것이다

그것 외엔 귀여움이나 천진난만한 개거나

내일을 기대하기 어려운 떠돌이 개거나

개가 핥는 것을 조심하시오

그도 모르는 광견병 균이나

패싸움 균이 있을지도 모르오

숱한 전쟁과 사건 사고가 일어나도

역설적으로 인류는 발전하는 듯 보이오

과학, 의학의 발전과 먹거리의 유용함이 있고

한과 연민이 또한 자리 잡고 자라나서

보편적으로 넓게 인류에 퍼져 있기 때문이오

인류 종말이 없길 바라지만

설령 오더라도 지극히 긍정적인 역사에 이르러

온전한 영혼으로 함께 담대하기를

모두를 아우르는 주인공의 존엄이 끝까지 함께하기를

⟨5⟩

있는 그대로 생긴 그대로

살아남아서

오늘에 이르렀으니

인정하고

참회하고

주어진 오늘을 살자

새로웠으면 좋을 시간을 꿈꾸지만

찰나의 시간조차

변명하지도

속이려 들지도 말고

삶의 이정표 바라보고

남은 길 얼마인지 모르지만

지친 발걸음의 무게

떠오르는 태양 아래

작은 그림자로 남겨두고

좀 더 가볍게 나아가 보자

어느 정도

고독으로 지루해진 밤은

태양의 길 저편에 있고

낮과 밤 밀당 같은 시위 속에

세월로 박혀 눕고 싶기도 하지만

웬만하면 내일은 오지 않나?

하여

희망 반, 걱정 반

마음이 가난해지기도 하여

상처를 주지 않길 기원하며

스미어 오는 햇살로 날고 싶고

그림자처럼

조화롭게 눕고 싶다

이것저것 길에 맞닿아 있다

있는 그대로 걷기도 하고

어느 순간은 날고 싶다

낮과 밤을 꿰뚫을 화살처럼

"여행을 많이 다니셨나요?"

"젊어서 어느 정도는 다녔는데 요즘은…"

"체력이 달리시나요?"

"꼭 그런 것은 아닌데

왠지 여유롭지도 자유롭지 않아서"

"젊어서는 괜찮았나요?"

"젊어서 선원이어서 돈도 벌고 여행도 제법 했었지요"

"좋은 직업이었겠네요, 여행을 위해서"

"그런 셈이죠, 하지만 오래 선원 생활을 하진 않았죠"

"왜요?"

"조금 타성에 빠졌고 변화도 필요하다 싶어서"

"어느 정도의 여행을 하셨나요?"

"이십여 개국 정도"

선원 생활은 만족하냐고 물었을 땐

잠시 차분하게 생각에 잠겼다가 후회는 없다고 했다

추억으로 자리 잡으면 후회가 들어설 자리가 없으니까

비록 힘들고 벗어나고 싶을 때도 있었지만 내 삶이니까

여행이란 비교적 멋진 추억이다

정적인 추억이란 간접 체험으로 독서의 등불

동적인 추억은 직접 체험으로 창작의 등불

바다만큼 산도 자주 가냐고 물었었지

물론 전에 산도 자주 갔었어

1년여 지난 어느 날 나물 캐러 간 할머니의 실종

드론, 수색견, 지원 나온 많은 경찰,

나도 포함한 주민들

2주쯤의 노력에도 불구하고 해결 못했지

그 후론 등산을 거의 하지 않아

산이 무서워졌다기보다

사고가 나면 다가올지 모르는 죽음이 무섭다기보다

실종!

마지막에 대한 존엄성의 포기가 안타까워

가시덤불 우거져 종적을 할퀴어 상처가 난 고요

묻히고 일렁이는 침묵의 숲과 바람 소리

좀체 감당하기 어려울 것 같았소

하지만 슬픔을 벗어나야 한다는 것을 알고

걱정이 여행을 붙잡아서는 안 된다는 것을 아오

밖에 은총으로 추억을 영글게 할 자연과 삶

인류애로 물들어 가야 할 길이 펼쳐있다는 것을

펼치는 기억의 시작

내가 태어나기 전에도

활동적인 동물 말고도

좌선하듯 자리를 지키는

수많은 식물이 있었을 것이다

내가 의식하자마자 갑자기 보이지는 않았을 것이니

언제부터 대화가 이루어질 수 있을까?

만물이 어느 순간 함께 마음을 열 때가

대양을 항해하는 어느 여유로운 밤이었을 거야

술기운에 기분이 좋아졌었을지도 모르지만

별이 빛나는 호젓한 밤에 캡틴이 말했지

"우주에 우리와 똑같은 지구가 있고 우리도 있다"

신선함이 몰려왔어

달빛, 별빛이 빛을 보내

넓고 깊은 바다가 출렁이는 것을 넘어

데칼코마니처럼 똑같은 또 다른 빛과 생명이 있다니

그러면 지금

다른 지구의 나도 대양에서 똑같이 항해하고 있을까?

아니면 그런 나를 지켜보고 있지나 않을까?

행동이 같다면 혹 누가 먼저 이끌어 가는 걸까?

기적처럼 동시거나

아주 긴 시간 차가 있는 것이 아닐까?

과거 텔레비전의 재방송처럼 보고 있는 것처럼

아무래도 내가 재방송인 것 같지는 않아

시원한 바람이 스치고 지나가는 것을 느끼거든

그러면 내가 뚜렷해야 하는데 나도 모르게 출렁거려

앞서거니 뒤서거니 하며 세월을 느끼다 보니

고독이 비켜서듯 있다가 가끔 내 옷깃을 잡는다

어디쯤 가고 있는지 아느냐며

동시였으면 좋겠어

서로 자연을 느끼며 다른 듯 살다가도

외로울 때 서로를 위로하고

가끔 그런 서로를 지켜보기도 해야 해

캡틴의 말은 누구의 공상을 옮긴 것이거나

취기에서 나온 가상의 상상에서 나온 것이거나

그래도 왠지 신선해서 40년이 지난 지금도 기억해

담쟁이덩굴은 아마 80년이 지난 일도 기억할 거야

허무를 이기는 어린잎이 계속 펼쳐 자라잖아?

수많은 삶이 모인 자연으로 나가고 싶어

그는 빛을 받아들여 온몸으로 삶을 노래하고

나는 간직한 삶을 발효시켜

꿈과 영혼으로 노래하곤 해

바람은 너무 많은 비밀을 발설하고 전해 주었어

내게 불었던 그 말도 과거 누구에게 했었고

내가 느낀 것도, 품고 누구에게 전할 것 같아

순간의 비밀, 그렇게 긴 세월 전해 온 것은 아닐까?

공기 속의 고독을 바람은 힘을 실어 나르고

각색된 믿음은 우리의 기억으로 남는다

세상에 너무 많은 것이 퍼졌어

바람은 그렇게 많은 일을 했고

그러니 너무 비밀이라고 간직할 필요도 없어

사랑한다는 의미가 비밀이 아니듯

몰래 가슴 깊이 사랑함도

드넓은 사랑처럼 포용이 되었으면 좋겠어

바람은 소유욕을 가지고 있지 않아

기억이 껍질 속에서 발아되지 않은 채

깃 달고 여행을 떠나는 씨앗도

서서히 땅에 내려놓지

혹 네가 생각한 것도

옛날 어느 삶의 비밀일 수도 있어

네가 만들었다고 해도 바람이 가만두지 않을 거야

언제까지나 바람 한 점 없는 침묵의 방에서

혼자만의 세계를 그리지는 못할 거야

밖에 나선 순간 바람의 품에 안길 거니까 말이지

우리 사이에 영감靈感이 준 비밀은 없어

담쟁이덩굴이 건네는 소리도, 느낌도

바람이 뒤적이며 말하지 않아도

엄청난 능력이나 비밀도 아니야

긴 시간 차의 옛날에도 있었을 수 있어

단지 조용히 묻히거나

달리 각색되었거나

별다른 조명을 못 받았거나

아이비도 보였지만 빛고을* 북구청 청사의 건물에

가거도 동개 해변으로 가는 얕은 돌담에도

드문드문 손님이 오는 어느 민박집의 담에도

섬마을 어느 폐가의 돌담에도

담쟁이덩굴이 생각하는 한 오래 자리하고 있었어

언제까지 그러할지 몰라도

---

*대한민국 광주광역시를 일컫는다.

기억은 쭉 이어지는 것이지
달라지더라도, 미처 다시 가보지 못하더라도

어느 따스한 날
무성하게 벽을 잎으로 장식하는 담쟁이덩굴
그의 소리와 출렁이는 듯한 말을 듣고 싶었어

과거 무선기지국 전원함을 열려고
감싼 담쟁이덩굴을
어느 정도 뜯어냈던 기억도 있어서
그가 외면할지 걱정도 했지만
대범하게도 그리 언짢아하지는 않는 것 같았어

조용히 마주했어
이래저래 관계된 과거도 끌어내야 하거든
바람이 도와줄지도 모르는 대화와
어루만지듯 시선을 주는 과거의 기억도

한 번의 충격으로 끝난다고 외로워 마

또 다른 내가 숨 쉬고 있다는 것을 알잖아?

그(나)를 위하여 마음을 열지 않을래?

폭넓은 홍익인간**으로

혼연일체의 영혼 사랑으로

함께하는 만물 사랑으로

궁극적으론 해탈로 가는 여행으로

** 〈나무 위키에서〉 '홍익인간'이라는 문구가 확인되는 가장 오래된 출처는 고려 시대인 13세기 말 일연이 편찬한 『삼국유사』이다. 그는 고조선 조에서 『고기』를 인용하여 단군 신화를 서술하였는데 "환인桓因의 아들인 환웅桓雄이 있었는데 자주 천하에 뜻을 두어 인간 세상에 가고 싶어 했다. 아버지 환인이 아들의 뜻을 알고 삼위태백을 내려다보니 홍익인간 할 만하거늘(널리 사람들의 세상을 이롭게 할 만하거늘) 천부인 세 개를 주어 내려가 다스리게 하였다"고 전한다. 홍익인간은 환인에서 환웅, 그리고 단군으로 이어지는 이념이다.

번식과 내쳐짐

살아남고 나아가기 위해서

뿌리는 또 뿌리를 키운다

조금 더 생각할 수 있는 거리 뒤에 뿌리가 있다

뿌리는 생명의 근원

열매를 맺게 해서 새로운 영혼을 영접할 수도 있다

우리의 뿌리는 지속되고 있는가?

불확실한 세상이라고 한 곳으로 달리다가

너와 나의 연약한 사회에서

돌아보지 않는 거리 사이에서 끊어지지 않았나?

가느다랗고 긴 손목에 달린 것 같은 잎 사이로

덩굴 위를 기어다니는 늙은 말벌

늙었다고 추정하는 것은

몸의 무늬가 선명하지 않아서

그리고 그다지 춥지 않은데 행동이 굼뜨기도 했어

부지런하고 협동적인 꿀벌을 죽이지 않아도

약해지면 숨어 살아야 하고

그래도 위협을 준다고 배척받을 신세

전생에 무슨 죄를 지었을까?

떠밀린 전사의 후예인가?

겨울 추위에 힘을 못 쓰고

전화 단자함이나 금이 가 패인 나무 사이로 숨고

따스한 빛 내리는 날도 외로이

함께 늙어 가듯 줄기 등걸을 기어 숨는 모습

늙어 영향력이 약해지는 건 말벌의 여윈 휴식이다

혹 주변 우리에게 평화를 느끼게 하는

은총인지도 모른다

무기를 숨기고 몸을 숨기듯
담쟁이 잎이 그를 가린다

하나의 고단한 몸
그를 엄호하거나 함께할 동료도 없다

대체로 연약한 우리는 생각한다
남아공에서 본 박물관의 동굴벽화처럼
긴 창으로 맞설 상像도 곁에서 멀고
기껏해야 박제된 고독 하나 들출지 모르더라도
담쟁이덩굴과 함께하며 평화를 느낀다

그는 번식을 지나 내쳐져 있다
나이 먹어 멀리 떠나 있는 나도
그와 비교당하고 싶지 않지만,
한편 다를 바 없다

다르다면 난
부지런하고 사회성 높은 꿀벌을 죽이지 않아

단지 그가 노쇠했다는 것에 동정이 가
운명과 영혼을 함께 생각하기엔 너무 어렵지만
가끔은 비교할 필요조차 없지 않을까?
현실이 많은 것을 담대하게 구분 짓고 있어

알 수 없는 그의 먹이 활동이 가려지는 동안
끼니를 때우는 것도 힘들다는 생각과 함께
생선과 수많은 동물이 요리로 비치고
동정심이 들어오니 이참에 채식주의자라도 될까?

3-2 =
2-1 =
혼자가 된 외로움의 수식
나, 너, 그것에서 가까운 나와 너의 사라져 감
품위를 묻고 갈등에 빠진 저출산의 사회

갖춤에서 내던지고 남은 고독
외로이 홀로 남는다면 그저 사는 것도 힘들어
끼니는 희생의 흐름에 자리 잡고

번식은 이어지는 삶처럼 숭고한 것이었나

그래 한편 조용히 안에 있는 담쟁이야
잎자루에 달린 넓은 잎에
그림을 그리듯 사연 새겨놓듯
얼마나 많은 일을 매달아 놓을지 몰라

비만 걱정하지 않는다고 좋아하지 마
국에 밥 말아 먹거나
찬 한두 가지로 간단히 식사하는 것을 알아
때론 건너뛰고
위가 작아지면 나중에 충분히 먹지 못할 거야

물도 배가 부르네!
물이라도 채워 용적을 지키도록 해야겠어
되도록 젊을 때처럼 소원하다 보면
때론 비처럼 함께하려는 듯 추억이 다가오지

여하튼 내가 충분히 살아갈 만큼 양분을 취하듯이

나도 너도 그래서 세상은 살 만한 것

백이 숙제*의 고사리가 어디에 속하겠나?

그가 뿌리내려 사는 것일 뿐

---

*〈위키백과에서〉 상나라 말기의 형제로, 끝까지 군주에 대한 충성을 지킨 의인으로 알려져 있다. 백이와 숙제에 관한 이야기는 《사기》의 열전에 나온다. 백이와 숙제는 고죽국 군주의 아들로 그들의 부친은 삼남 숙제로 하여금 후사를 잇게 할 작정이었다. 하지만 부친이 돌아가시자, 숙제는 장남인 백이에게 양보하려 하였고, 그러자 백이는 부친의 뜻이라며 나라 밖으로 달아났다. 숙제 또한 왕위에 오르지 않고 달아나 버렸다. 이리하여 고죽국인들은 할 수 없이 차남을 왕으로 세웠다. 이때 상나라의 서쪽에는 훗날 서주 문왕이 되는 희창이 작은 영주들을 책임지는 서백의 자리에 있었다. 희창이 죽고 그의 아들 희발(서주 무왕)은 군대를 모아 상나라에 반역하려 했다. 희발의 부하 강태공은 뜻을 같이하는 제후들을 모아 전쟁 준비를 시작했다. 이때 백이와 숙제는 무왕을 찾아와 다음과 같이 간언했다. "아버님이 돌아가신 후 아직 장사도 지내지 않았는데 전쟁을 할 수는 없다. 그것은 효가 아니기 때문이다. 주나라는 상나라의 신하 국가이다. 어찌 신하가 임금을 주살하려는 것을 인이라 할 수 있겠는가." 이에 희발은 크게 노하여 백이와 숙제를 죽이려 했으나, 강태공이 이들을 두둔하여 의로운 사람들이라 하여 죽음을 면했다. 이후 희발은 상나라를 평정하고 주나라의 무왕이 되었다. 그러나 백이와 숙제만은 주나라의 백성이 되는 것을 부끄러이 여겼다. 지조를 지켜 주나라의 곡식을 먹지 않았다. 고죽군 영주로 받는 녹봉 역시 받을 수 없다며 수양산으로 들어가 고사리를 캐 먹었다. 이때 왕미자라는 사람이 수양산에 찾아와 백이와 숙제를 탓하며, "그대들은 주나라의 녹을 받을 수 없다더니 주나라의 산에서 주나라의 고사리를 먹는 일은 어찌 된 일인가." 하며 책망하였다. 이에 두 사람은 고사리마저 먹지 않았고, 마침내 굶어 죽게 된다. 이후, 백이와 숙제의 이야기는 끝까지 두 임금을 섬기지 않고 충절을 지킨 의인들을 가리키는 표현으로 사용되어, 중화권의 문헌에서 여러 차례 언급된다.

어느 나라의 고사리나

담쟁이덩굴이라고 다투지 말게

비교적 고통이 적을 식물이 우리를 나아가게 하고

무기력해지는 것을 도와주기도 하지

그를 감사하는 것에 인색하지 말게

시간은 많은 부분 내 편인 것 같아

숨겨두듯 해도 발효되어 떠오르기도 하니

표현만 잘하면 되는데 사실은 쉽지 않아

생명력 있는 네 잎처럼 돋아나는데

뇌쇄하는 듯한 향기를 내기가 힘들어

내가 다리 달린 동물이어서 그런 것일까?

진실한 향기를 낸다는 것은 뭘까?

감동을 우려내어 교감하는 것일까?

감동을 주는 거라면 사실 넌 이미 하고 있어

나도 감동을 주려고 하지만

가끔은 감동하지 못하는 사람들이 문제야

번식하거나 내쳐지거나 그런 과정에서

중요한 것은 자신에 대한 대우

어린아이를 품은 어머니의 강한 희생이

가장의 무게를 짊어진 아버지의 역할이

그들을 지탱한 것은 그들에 대한 대우였어

모든 삶은 자신에 대한 대우를 바라지

비록 노쇠한 말벌조차 존재의 대우를 받지 못하면

마지막 가진 힘으로 당신을 쏠 수도 있어

가까이 지내는 사람에게 사랑스레 대우하면

삶이 회복되고 서서히 변화가 시작될 거야

나아가 사회를 그렇게 대하면 더 큰 사람이 되고

모두를 위하면 모두에게 그런 대우를 받게 될 거야

적절한 대우를 받아도 스스로 무기력해진다면

어쩔 수 없이 내쳐지는 길에 머무르는 것

허무함과 무기력을 극복해야 해

때론 지나친 대우를 받으려는 자도 있지

이기적인 것은 안정된 미래를 이끌지 못해서
세상은 더욱 불확실해지고 있어

대우를 위해 자신과 비슷한 편을 만들기도 해
그래서 전쟁도 불가분 일어나는 것인지도
"담쟁이덩굴, 너희도 막장 같은 싸움도 하나?"
"아니, 힘들어도 높게 올라 넘고 싶어, 가능한 한"

언젠가 자잘한 너의 꽃들을 보았어
끊임없이 살아남아 수놓기 위해
끈기만 있다면 화려함은 사치야
허무할 영웅담에 눈멀어 치우칠 꽃이 아니야!

목적은 때로 희생의 눈물을 흩뿌리지
골고루 타협이라도 해 보았나?
그래서 꽃은 사시사철 피어 있지 않고
스스로 시들기도 하고
새로운 개화를 준비하기도 하지

간직한 꿈을 잇는 번식으로 나아가

희생을 아우르는 육체를 벗어나는 소망 같은 풀

혼돈을 띄는 움직임을 벗어나는 식물

고통에 자유로운 정령이 깃들어 하나가 된

오랜 세월이 돌고 자란

내 마음 깊은 곳의 담쟁이덩굴이여!

평화가 깃들기도 하지만 다툼도 가까이해서

삶이 힘들게 여겨진다면

한해살이 식물로 사는 것도 좋을 거라고

또 다른 삶의 탄생은 그들의 몫이거든

그래선지 꽃은 여전히 빛처럼 가까이 있어

영혼

육신은 없어져도 영혼은 없어지지 않아
살아 육신을 가꾸지만 영원하지 않은 것
육신이 있어 희로애락도 있고 생산도 있지만
어느 것 하나라도
알면 더욱 마음을 울리는 세상
어찌 본다면 모르는 체하기도 어렵지!

비록 막연해서 잊어버리고
허무함에 빠져 잃어버린 듯
여기저기 하염없이 떠돌다가
정처 없는 바람처럼 희미해지기도 하고
천둥에 놀라 창백한 조각처럼 뒹굴다가

욕심 없는 한 톨 씨앗에 깃들기도 하다가

긴 세월 기다려도 발아되지 못하면 나왔다가

삶에 그리움이 깊어지면

살아 천년, 죽어 천년 주목이 되길 꿈꾸다가

한없는 외로움에

멀리 바다에 나와

대양을 헤엄치는 고래의 어린 영혼도 되고

알 수 없는 호기심에

어느 묘한 생명의 어린 영혼도 되고

어느 여인의 뱃속, 새로운 시작도 되고

어느 혼은 미련 없이 우주로 떠나려 하고

결국 영혼은 죽지 않아 새로움을 찾는다네

좀 더 높이 올라 담쟁이덩굴이 귀 기울이듯이

전쟁이나 각종 사고, 병사, 자연사

낮엔 햇볕을 받듯이
밤엔 담에 붙어 꿈을 꾸듯이
수많은 영혼을 위로하듯 손을 얹고
가까이 다가가 귀 기울였어

바람처럼 멀리 가고
오르내리는 가벼운 대기 속에 울리는 소리
욕심 많은 혼은 무거워 멀리 오르지 못하네!

대기권 벗어날 가까운 곳에 많은 혼이 있어
우주를 여행하려는 혼들과
아직 살아있는 동반자를 기다리는 혼들
무슨 떠도는 소문에 주저하는 혼들
육신을 벗어났다고 모두 끝난 것은
아닌 모양이어서
여전히 펼쳐진 슬픈 공간이 있어

자유로움을 얻고 가벼이 바람을 타서
더욱 많은 것을 알았다고 해도 가벼운 존재

영향력을 미칠 수 없다는 것

어느 날 등산 중에
목에 줄이 걸린 흑염소 한 마리와
그냥 어미 뒤를 따르는 몇 마리 새끼 염소가
몇 명의 감시하에, 산에서 내려오고 있었어

다음 날인가 마을에서 염소탕 한 그릇
나눔을 주는 감사함으로 얻어먹었어

얼마 지나지 않아
나뉘어 분양된 듯한 새끼 한 마리
그를 보고 나눠 먹은 것이 어미 염소였다는 생각

홀로 있는 새끼 염소가 외로움에 울었어
쓰다듬어 달라는 듯 내 다리에 몸을 비빌 때
슬픈 운명이라고 정을 주지 않으려 했어
화가 나기도 했어
인간에 의해 엄마가 죽어 먹혔는데 철없어

내가 그를 위로하는 것은 위선이라는 생각도 들어
외면하듯 그를 떠났어

그래도 잠깐이나마 위로의 쓰다듬은
무언의 감각으로나마 남겨줬어야 하지 않은가?

무거운 마음으로 떠났는데
그날 밤 악몽으로 몸서리쳤어

중세 시대인가?
코르셋을 입은 중년의 여인이
겨우 팬티 차림으로 묶여 누워있는 사내 근처로
작은 칼을 들고 다가왔지!
"에이, 그러지 마" 건장함은 무서움도 이기는 걸까?
그가 일본인인지 프랑스인인지도 몰라,
단지 건장하다는 것밖에
아랑곳하지 않는 여인이
사내의 아마 엄지발가락 하나를 자를 때
뭔가가 솟구쳤어

피라고 생각하겠지만 무슨 한 줄기 빛 같았어

공포로 내가 헛것을 본 건지도 몰라

나도 묶여서 보고 있는지

자유로운지는 모르지만, 공포에 압도되었어

더 진행되는 것은 생각하기도 싫어,

다행히 달리 구원하듯 악몽에서 깨었네

영혼은 꿈으로 미완의 갈증을 푸는가?

나도 내 영혼을 간혹 감당하지 못해

그래도 미천한 독서와 살아온 지식으로

꿈의 범주를 넘나들며 영혼으로 글을 쓰곤 해

아마도 담쟁이덩굴의 삶과 꿈처럼

나의 잘못을 생각해 낸 것은

외로워 우는 새끼 염소를 안아주지 못한 것이라고

일용할 음식을 취함에 고마움을 느꼈을 뿐

흐르는 삶에 복지부동 그대로 드러난 것이라고

먹는 것은 생계를 위해 어쩔 수 없는 것

세상은 희생을 주고받음의 연속
나로 초래한 타의 희생은
내가 세상을 떠나야 비로소 부담을 내려놓는 것

꿈은 변함없이 아늑하고 달콤하지만은 않아
경고하고, 변함을 구하고, 소용돌이에 빠뜨리지
때론 태풍처럼 묻는다
그대 진정한 안정을 이루지 못하였는가 하고

보이지 않는 것들과 관계된 세상이 힘들 때
의연하게 담을 수놓는 담쟁이덩굴을 생각해

순수한 영혼은 한편 죽음을 외면하지 않아
유한함이 가지는 최고의 경지, 해탈

허공을 스치는 바람 소리 같은 웅성거림도 듣고
과거를 걸러내어 사색의 창을 여는 듯이
눈빛을 읽듯 별빛도 읽었어

어느 혼은 혹 모를 환생을 싫어하는 것 같아

육신의 나약함

불확실한 미래

우여곡절이 있었지만, 지금이 좋아

새로운 시작이 싫다며

의식을 채워 그 에너지로 나아가야 한다고

치매를 가장 슬픈 병으로 여겼지

약간의 치매라도, 살아서도 잊어가고 있는데

그의 소원은 어디에서 이어지는 걸까?

육신이 남아있어 해탈까지는 아직 길이 멀 텐데

욕심이 많거나 걱정이 많은 혼은

땅을 기어도 대화할 수 있지만

우주를 여행하고자 하는 혼은

담을 기어올라 기도하듯 대하여야 하지

담쟁이덩굴이 손을 들어 보였는데

그가 표식이나 무언가 가리킨다고 생각했어

어쩌면 이때 스쳐 소리를 내는 바람이 불고

모든 현상을 다 아우르려는 바람
모든 현상을 그대로 다는 믿지 마!
오랜 세월 꿈을 꾸다 보니 환상일 수도 있어

쭉쭉 뻗어나갈 힘이 없을 때 간혹 꿈을 꿔
내가 더 마음으로 짙어지는 시간이야
빛이 힘을 잃어가는 겨울이 가까울 때
단풍이 들어 주위를 밝히기도 해
발걸음을 멈추고 나와 함께하기도 하지

시간을 걸치기가 힘들면 가까이 담에 기대
내가 손잡아 올려줄 수 있게
달리 닿는 것을 너무 두려워하지는 마!

우린 지금 함께 빛을 나누는 자연에 있어

전쟁

하나의 풀뿌리도 살아가기 위해

마음을 움직일 서정적인 꽃을 피우는데

알려주지도 않고 홀로 있는 연약한 땅에

붉은 피를 뿌리고 불확실한 구덩이를 만드는

무책임한 짓을 왜 하는 거야?

인간은 때로 극한으로 달리는 동물

인권으로 작고 섬세한 기분까지 살피기도 하지만

자유를 얽매고 한때 마루타*도 만들었어

---

* 〈나무 위키에서〉 이시이 시로와 그의 휘하 731부대가 강제 생체 실험을 진행하는 과정에서 동원한 민간인 피해자들을 가리키던 말이다. 살아있는 인간을 마치 고통을 못 느끼는 통나무로 취급하면서 끔찍한 인체실험과 인간학살을 실행했다. 당시 일본군 731부대원들은 중국의 생체실험장을 제재소(나무를 다듬는 곳)로 은폐하였는데 이곳에 강제로 끌려온 피

가깝다는 것은 갈등을 더 유발하기도 하는지

삶은 늘 의문 기호를 갖고 꿈틀거리지!

꿈틀거린다는 것은 파장을 일으켜

모두를 연결하고

해자들을 일종의 제재소 공장 재료로 비유하면서 마루타라는 은어를 붙였다. 실제로 1930~40년대 영국의 일간지 데일리메일은 당시 일본군의 생체실험을 담은 현장사진을 수차례 언론에 공개하기도 하였다.

중국 지린성의 문서 기록보관서 문건에 따르면 마루타 실험으로 희생된 다양한 국적의 민간인들은 추정 20만 명 이상인 것으로 집계하기도 하였다. 더불어 중국 하얼빈 옛 731부대 터에 자리 잡은 죄증박물관의 소장품 중 '731부대의 실험 대상으로 전쟁 포로들을 잡아들이라'는 일본군 공식 작전 명령서가 공개되기도 하였다. 일본 사회에서도 해당 실험이 공개되었는데 1981년 츠네이시 케이이치(常石 敬一)가 쓴 〈사라진 세균전 부대消えた細菌戦部隊〉란 제목의 연구서가 처음 "세균전 전문부대인 731부대가 한국인과 중국인들을 대상으로 인체실험까지 한 뒤 이들을 모두 독살했다"고 서술하는 등 인체실험 방법까지 상세히 기술하였다.

한국 언론이 사건을 처음 보도한 것은 경향신문의 기사로, 제목은 '731부대원들이 페스트균을 사람 몸에 주입한 뒤 해부하고 있다(1981. 5. 26.)'이다. 이후 한국 사회는 미국 국립문서기록관리청(NARA) 소장 일본군 전쟁범죄 관련 문서 가운데 마루타 실험과 관련된 자료들을 중심으로 논의를 이어 나가기 시작하였다.

일본의 추리 소설가 모리무라 세이이치의 논픽션 악마의 포식에서 731부대의 인체실험 실상에 대해 자세히 쓰고 있으며 당연히 마루타란 용어를 사용한 것이 나온다. 이러한 맥락으로 오늘날 731부대의 만행, 즉 '마루타 실험'이 기억되고 있다. 중국에서 이 의미의 마루타는 보통 음역하여 '马路大'라고 한다.

분리도 시키고

그래서

전쟁과 사후의 세계, 환생도 끄집어내

삶의 관계를 묻곤 하지

너무 원치 않는 죽음이 많아서일 거야

전쟁을 일으키는 자는 영향력을 키우려 할 뿐

자세한 미래는 관심이 없어

영토를 넓히는 대국이 되어가는 과정에서

회오리치듯 쓸어가는 세상 속에서

다치고 죽는 것은 어쩔 수 없는 일상

숱한 전쟁이 일어나는 곳에서

상황이 변하고 불안하게 사는 생명들

삶이 허무하고 미래가 보이지 않더라도

조금의 훼손이나 고통의 그늘을 경계하기도 했어

세상이 어지럽다는 것을 알기에

환생하고 싶지 않아

전쟁으로 크게 망가지지 않고

보편적인 삶으로 하루를 살 수 있고

깨달으며 오늘을 사는 것은 은총이야

담쟁이는 담을 넘은 것이 아니야

뿌리는 땅에 있어 자라서

담을 이루기도 하고

안과 밖을 잇기도 하는 거야

발로 넘는 담치기는 아닌 거지

외로이 쌓아 올린 담을 올라서 보니

주고받는 무기와 탄알이 어지러워

매끈한 모습이 우리네 장난감이라면 좋을 텐데

전쟁이 과연 뿌리 깊은 문제를 해결할 수 있을까?

탄에서 새끼 탄이 쏟아지고

다른 나라도 얽히고 얽혀

모두가 힘들고 위험한 것인데

명분이나 이념을 사수한다는 것이지

강해 보이는 나라보다 국민을 사랑하는 국가

독재의 달콤한 유혹에서 벗어나는 진실로 향한

서로의 흐름을 막는 담이라면

내 무수히 넘고 넘어 담이 보이지 않게

내 줄기 타고 전쟁을 넘었으면

총이나 포탄은 계획적으로 움직이지도

자비롭지도 않아

갓난아기의 작은 몸을 향하기도 하고

울음도 넘어선 비통함을 자아내지!

커가며 느끼는 창창한 앞날도 없고

여행답지 않은 짤따란 이별도 만든다네

"나도 상대를 죽이고 싶지 않고

상대도 우리를 죽이지 않았으면 좋겠다"라는

꼬깃꼬깃한 전장 속의 일기

비탈리 탁타쇼프**의 초대받고 싶지 않은 전쟁

**〈연합뉴스 참조〉 2일(현지 시간) 영국 일간 더타임스 일요판 선데이타

임스에 따르면 이 일기를 작성한 주인공은 모스크바에 살던 건설 노동자 비탈리 탁타쇼프(31)이다.

2018년 결혼해 두 살배기 아들을 둔 탁타쇼프는 불과 약 1년 6개월 전까지만 해도 직장에 다니며 휴가 때는 가족과 시간을 보내는 평범한 가장이었다. 그의 삶이 송두리째 바뀐 건 지난해 2월 러시아의 우크라이나 침공으로 2차 대전 이후 유럽 내 최대 무력분쟁이 발발한 뒤부터였다.

러시아 정부는 같은 해 9월 예비역을 대상으로 부분 동원령을 발령했고, 탁타쇼프는 2달 뒤인 11월 우크라이나 자포리자주州 토크마크 전선에 투입됐다. 당시 탁타쇼프처럼 동원된 러시아인은 30만여 명에 달했다. 탁타쇼프는 이때부터 올해 1월 초까지 공책에 가족에게 보낼 편지를 쓰며 전쟁터에서의 삶을 일기 형식으로 33쪽에 걸쳐 기록했다.

징집 첫날이었던 11월 29일자 일기에서 그는 "우리는 (체첸군) 근처에 머물고 있는데 밤에도 총소리가 들린다. 드론이 날아다니고 대포가 작동하는 걸 목격했다"면서 "(가족) 모두 너무 보고 싶다. 이야기를 나누고 싶다"고 썼다. 다음 날인 30일자 일기에는 자기가 곧바로 전투에 투입될 것이라는 말을 들었다면서 "두렵다. 눈물을 흘리면서 이 글을 쓴다. 집으로 돌아가고 싶다. (가족) 모두를 정말 사랑한다"고 썼다. 그는 이어 "나는 아무도 죽이고 싶지 않다. 모든 종교가 '살인하지 말라'고 가르치기 때문이다. 우리도 살인하지 않고 그들(우크라이나군)도 우리를 죽이지 않길 바란다"고 덧붙였다.

12월 4일자 일기에서 탁타쇼프는 자기가 최전선에 끌려가게 됐다고 말했다. 당시 그는 자포리자 지역 내 최전선에서 싸우던 제70연대에 소속돼 있었다고 선데이타임스는 전했다. 이날 탁타쇼프는 아내를 향해 "정말 사랑한다. 당신과 함께 늙어가고 싶다. 부디 나를 기다려 달라"면서 가족에 대한 그리움을 드러냈다. 하지만 전쟁 장기화로 새해 휴가마저 취소되자 탁타쇼프는 절망스러운 심정을 여과 없이 털어놨다. 그는 "주변 사람이나 나 자신을 총으로 쏴버리고 싶은 충동이 생긴다"면서 "오늘은 나무를 자르던 중 발목을 부러뜨려서라도 당신들(가족) 곁에 돌아가고 싶다는 생각이 들었다"고 적었다.

탁타쇼프는 1월 5일자를 마지막으로 이 같은 일기 쓰기를 멈췄다고

지속되어야 할 젊은 가족이 무너져 버린 역사

전쟁은 육신을 훼손해 많은 혼을 드러나게 하고
그 혼에 제대로 된 포옹조차 하지 않는다
되돌리기에 먼 길을 가고 있어서
그 일기조차 없었다면 어찌 슬픈 그를 추모할까?

이순신 장군의 난중일기^{***}가 있었지만

더타임스는 전했다. 그가 기록을 중단한 이유는 명확하지 않다. 이후에도 계속해서 최전선에서 싸웠던 그의 시신이 발견된 건 이달 첫째 주였다. 자포리자 지역 남동부 평원으로 진격한 우크라이나군은 이곳에 그대로 방치된 전사자 다수의 시신을 목격했다. 개중에는 탁타쇼프의 시신도 있었다. 우크라이나군은 탁타쇼프의 군복 주머니에서 꼬깃꼬깃하게 구겨진 일기장을 발견했다. 우크라이나군은 그의 시신을 땅에 묻어준 뒤 이 일기장을 선데이타임스에 넘겼다.

***〈위키백과에서〉 난중일기亂中日記는 조선 중기의 무신武臣 이순신李舜臣이 임진왜란 7년(1592~1598년) 동안 군중에서 쓴 일기이다. 조선 중기의 무신으로서 임진왜란에서 조선의 수군을 지휘해 한산도, 명량 등지에서 왜병을 격퇴하고 전란의 전세를 조선의 승리로 이끌어, 사후 조선 조정으로부터 충무공忠武公의 시호를 받았던 여해汝諧 이순신이 임진왜란이 발발하는 조선 선조 25년(1592년) 음력 1월 1일(양력 2월 13일)부터 노량해전에서 전사하기 이틀 전인 선조 31년(1598년) 음력 9월 17일(양력 10월 16일)까지의 2,539일간의 군중에서의 생활과 전란의 정세에 대해 보고 들은 내용을 적은 일기이다.
《난중일기》라는 제목은 조선 정조 19년(1795년) 왕명으로 간행된 《이충무공전서李忠武公全書》에서 처음 붙여졌다. 원래 제목은

침략을 막아 이기려는 명분도 아닌

파괴하려는 적도 없는 그의 마음에

지극히 슬픈 영혼의 흔적을 남기고

자신의 의지대로 살지 못하는 임의의 침략자

외교의 부조화를 대신해 죽었다

너무나도 다른 조건과 상황이지만

생명은 그에겐 하나의 자연이나 우주처럼

진정 소중한 것이라서

그의 죽음에 쓸쓸한 명복을 빌 수밖에

연도별로 《임진일기壬辰日記》, 《계사일기癸巳日記》 등으로 일기가 다루는 해의 간지를 붙여 표기하였다. 현존하는 난중일기의 판본은 크게 두 가지가 있는데, 친필 원본은 초서로 되어 있으며, 《이충무공전서》 편찬과 함께 원본 일기의 초서를 정자正字로 탈서脫草한 전서본이 세상에 전해지게 되었다. 전서본은 친필 원본을 탈서 편집한 것이나, 원본 일기에 빠진 부분(을미년 일기의 경우 전서본에만 존재)을 담고 있어 상호보완 관계에 있으며, 1935년 조선사편수회에서 전서본과 친필본을 합본하여 《난중일기초》를 간행하였다.

7년간의 전쟁 동안 출정한 날, 이순신 본인이 항명죄로 한양으로 압송되어 있던 시기에는 일기를 쓰지 못한 경우가 있었으나, 날짜마다 간지 및 날씨를 빠뜨리지 않고 틈나는 대로 적었다. 내용은 시취時趣에 넘치는 일상생활, 동료·친척과의 왕래 교섭, 이순신 본인의 개인적인 집안일은 물론 당시 조선 수군水軍의 지휘에 관한 비책秘策, 국가 및 조정에 대한 충성과 강개, 왜군에 대한 분노의 감정 토로 등이 실려 있으며, 상관과 장수 및 부하들 간의 갈등 문제를 비롯해 당시의 정치, 경제, 사회, 군사 등에 이르기까지 폭넓게 기록하고 있다.

죽음 뒤에 또 다른 세상이 있고

세상이 넓다면 늦기 전에 여행해야 해

더 넓은 여행을 위해

피할 수 없었던 전쟁으로 죽은 그도

남은 것, 자유로운 여행이면 좋겠어

국가가 항상 올바른 길을 갈 수 없기에

자유로운 영혼도 될 수 없었고

떠밀려 가는 곳엔 무거운 기운과 핏빛 압력

민초는 때로 나약해서 울고

용기를 내어 떨쳐 일어나기도 했어

섣부른 이념대립으로 많은 혼이

드러났다가 어디론가 사라졌다

음산한 날씨에 개가 짖는 소리가 들린다

소속되지 않은 유령을 본 듯한지

그들은 장난치지 않는 동안에는

모나거나 다른 행동을 좌시하지 않는다

순수하기도 하지만 다툼의 여지가 있다
소속이 되어야 편안하고
비슷해야 함께하리라 한다
그렇게 소속을 이루려 짖었건만
크게 인정받지 못한 개에겐 슬픔이 남아있다

대부분 반려견이지만
틈새로 놓인다면 식용의 관습도 남아있어
정말 다르다는 것은 소름 끼치는 일이지!
다름도 존중받아야 하는데 말일세

전쟁을 일으키는 자는 이기적인 사람 같네!
무거운 화禍를 그도 감당할 수 없어
일이 일어나기 전의 그가 다정했을 수도 있으니
전적으로 인격을 매도하는 것은 아니고
좋은 사이였을 때는 친했을 수도 있으니
사나워진 개를 무작정 헐뜯는 것도 아니네!

개는 강한 이빨을 무기로 가지고 있지

그는 극단에 빠지면 주인마저 물 수 있어

한 번 죽지 두 번 죽지 않아

그런 개도 데리고 있는

그는 용감하고 강한 무기도 가지고 있다네

그는 굴레를 만드는 강한 사람이라네

때로 의도치 않게 개 같은 신세라고 느끼게 하는

그자는 독재자임이 틀림없어

왜 그가 나타났을까?

소속을 잃은 들개의 염원이었을까?

힘을 가진 사람은 더 조심해야 한다

살짝 쳐도 죽을 사람이 많다

탄 터지며 많은 사람이 죽고 있다

순간 불확실한 침묵을 돋보이게 하며

전쟁은 소리로 모두를 파멸시키고 있다

그땐 짖는 소리조차 부담스러웠다

우리는 개는 아니지만 개 같은 신세일 때가 있어
소속을 이루려 하지만 끊길 수도 있는데
사실 우린 개가 아니지 않는가?
소속보다 혼자 있고 싶을 때가 많지 않나?

개는 소속의 상징
무슨 신념을 갖고, 또한 난폭해진다면
전쟁을 만들 수 있고 편을 만들 수 있어

소속을 벗어나는 존재는 담쟁이덩굴
힘든 조건에서도 뻗어나가지
때론 눈에 잘 띄지도 않는 작은 꽃도 피고
여문 씨앗을 내어 새로이 자라기도 해
줄기를 치우고 뿌리를 뽑는다 해도
바람이 어디론가 그를 날려 지켜줄 거야

바람도 우리도 분리를 만드는 소속이 없어
삶이 힘들어도 우리에겐 전쟁이 없어

여행

산다는 건 여행의 시작

바람은 무게가 없어 억누르지 않고

어디나 갈 수 있어 자유의 상징이 되었다

힘이 있어 날려 보내기는 해서

조심스럽기도 하지만

또한 부드럽게 불어오기도 하지

돛단배 바람을 이용하듯

바람은 많은 곳을 여행했다는 것을 알고

그와 사귄 것 또한 삶의 시작이다

그를 벗해 동력과 발상을 구하니
큰 배와 비행기도 가게 하고
네가 온 것처럼 나도 너를 향해 떠나기도 했다

그대 나를 본 것을 기억하는가?
나 그대를 희미하게나마 기억하는데
희미하게 잊혀도 슬프지 않은 것은
남겨진 여정을 향한 녹아드는 담대함
모두를 품을 수는 없다는 것을 알지

치매의 범주를 넘어서
그건 슬픔이 아닌
유한함을 공유하는 우리의 과제
부담 없이 삶을 즐길 수 있길 바랄게

보다 대결이나 협조로 가는 대조
많은 남자를 여행에서 만나기도 하고

하나의 암호문 휘날리는 듯한 여자
그토록 다른 여자를 만나는 것은 낭만적이었지

의문문 덮인 동물
계절의 전문을 펼친 식물
조심스럽게, 긴밀하게 자연으로 삶을 잇대며
여행이 힘들었다고 해도
긍정으로 채우지 않았나?

동화가 감동으로 오는 것은
불굴의 추진력과 잔잔한 결과
고통이 있어도 희미하게 잊히듯 기꺼이 지내왔고
맞이하고픈 아름다움의 깨달음이 온다는 것
위험과 많은 어려움이 녹아있어도
동화가 빛을 발하는 건 그런 힘이 있어서지
그래서 동화처럼 여행을 떠나고 싶은 거지

많은 것을 행하고 느낀 것과
지금까지 자유롭게 살아있다는 것에 감사하고 싶어

그건 담쟁이덩굴이 육풍이나

해풍을 감내하는 것과 같다

벽과 담을 마음 가득 수놓고 있어

우리 어디로 떠날까?

잘 알지는 못하게 미래가 펼쳐지겠지만

내가 당신을 속박하려 하지 않듯이

당신도 나를 속박하지 않았으면 좋겠어

서로 존중받았으면 좋겠어

지난 미완성의 일도

앞은 모르는 거야

담쟁이덩굴이 자라나고 있어

그것이 더 생명력을 키우는 이유인지도

우리에겐 시간이 많지 않아

공기뿌리를 내리듯 과정이 움튼 삶을 착상하고

부여잡고 나갈 삶을 기대하듯

조용히 끊임없이 나갈 일이다

운명이 다하도록 나가면

슬픔은 지나가고 깨달음만 남으리라

미시시피강을 떠나는 파도 세찬 날

숲에서 배로 날아온 새와의 이별

여행은 때로 슬픔의 항로

체념을 떨쳐 일깨우는 천사의 투영

어찌 온 세상을 알 수 있으랴

희생으로 다가오는 슬픈 기억

이젠 내 더 나아가 너를 만나고 싶다

여행은 한편 탐조로 짙어지고

펼쳐진 길은 꽃처럼 시간을 수놓는다

자유로운 분위기의 브라질 아가씨들이여

모로코 길거리의 천진무구한 아이들이여

길을 잃듯 쏟아지는 햇빛 가득한 아프리카의 길

피라미드로 들어가는 좁은 길

유니폼 위에 드러나는

상냥하고 아름다운 스튜어디스

몸소 겪은 과거가 희미해 보여도
슬퍼하지만은 않고
담쟁이덩굴처럼 손을 내밂은
그래도 깨달음의 길을 추구하는 여유

사랑하는 그대여
긴 삶 함께해 줘서 고맙고
함께할 미래 슬픔을 준비하지 말고
남아있는 기쁨으로 맞이합시다

미숙한 시간도 많지만
많은 세월 지내며 살기도 해서
어수선하게 보이기도 하지만
조금 뜯겨도 담쟁이덩굴 자란다고
우리 아직 자유로워 괜찮다고 위로합시다

죽음은 또 다른 여행이겠지요

얼마나 가볍게 떠날지 모르는 여행

얼마나 완전할지 모르는 불확실한 여행

그런 여행을 떠나기 전

지금 삶을 잘 가꿔 정리하고

함께하는 여행 잘 누리시길

가리고 나뉘는 세상 뛰어넘어

함께하는 세상 손을 내밀어 기원할 거요

좋은 여행 떠나세요

담쟁이덩굴은 덮어줄지언정

우리가 가고 있는 길을 가리지는 않을 거요

자라는 것과 씨앗은

더 큰 꿈으로 여행을 준비해

함께하는 것들이 많아 마음 넉넉한 세상

꿈도 그렇게 함께하지

기억 속에 꿈도 있어

깨우치려는 듯, 치유하려는 듯

때론 악몽도 꾸지만,

더 많게 희망을 주고 위로도 하지

영혼과 속삭이며 살찌우기도 하니

좋은 여행이라면 꿈도 함께하는 여행이지

우주도, 많은 별의 운항도 그러하리

나의 모습과 여행에서 만난 그대

어우러지는 여로

모두가 어우러지는 여로

외로움과 슬픔이 붙잡더라도 초월하자

누가 먼저인가는 이미 중요하지 않아

진실로 함께하려는 노력이 여행이다

시간은 삶마다 관계하듯 흘러가고

공간은 새로운 싹을 위하듯 비워지고 채워지네

바로 함께하지 않아도 덧씌우듯

감동이 영혼 속에 새겨지리니

시간과 공간이 어디에 있더라도

펼쳐 열린 여행처럼 축복이기를

담쟁이덩굴처럼 벽을 넘고 수놓기를

아름다운 자연을 겪은 내가 말하노니

은총으로 또한 그들과 지냈으니

슬퍼도 찬란한 역사 속 더 완전하기를

은총이 다하는 날이 오더라도

절망과 두려움에 빠지지 말기를

고통으로 내내 이어지기보다는

떨쳐주어 맑은 영혼으로 자유로워지는 것

또한 유한함에 내린 은총이리니

우리의 맑은 여행은 끝이 없이 계속되리라

어딘가 진실로 큰 영혼, 하나에 이를 때까지